ENTRE EL MAR Y EL CIELO

ENTRE EL MAR Y EL CIELO

MAYTE ZOZAYA

Valparaíso
EDICIONES

VALPARAÍSO POESÍA

Diseño de interior y maquetación: Chari Nogales
www.charinogales.com @chari_nogales
Imagen de portada: Ju-Ju, Kiev, Ucrania

Primera edición: mayo de 2026

© De los poemas: Mayte García Bullé (Mayte Zozaya)

© Valparaíso Ediciones
C/ Fray Leopoldo, 7 bajo, 18014 Granada
www.valparaisoediciones.es

ISBN: 979-13-88007-48-4
Depósito Legal: GR 398-2026

Impreso en España - *Printed in Spain*
Gráficas Gami

Para Yayo, mi amor y mi soporte,
él todo lo mío ha querido y sostenido.

Para mi hija Marce, la incansable valiente,
es por ella que me atrevo cada día.

Para mi hijo Sebastián, una gran alegría,
siempre despierta con abrazos y sonrisas.

Para mamá y papá, el origen y el mapa,
ellos son el camino que me trajo y la guía del que aún me
espera.

Para mis hermanas Miri y Mariana, mi refugio y las risas,
con ellas aprendí a reírme y a sentirme segura.

Para mi querida abuela Emma, mi más dulce recuerdo,
ella fue quien me quiso a mí, primero.

I

ES UNA ESTRELLA, ¿LO RECUERDAS?

QUIERO

Quiero enseñarte a sentir, a recibir y dar abrazos, a conquistar con tus pensamientos, a encontrar en la música un refugio y un alivio. Quiero que saltes tan alto como tú quieras, que escales todas las laderas del mundo y que cruces los puentes corriendo o despacito, como tú lo prefieras. Quiero que seas tú sin ser nadie más. Quiero que te rías, que llores sin miedo y sin vergüenza, que te vistas y que te peines como tú lo prefieras. Quiero que seas amable y que te preocupes por los demás. Quiero que seas valiente para abrazarte, para amarte y para conocer cada rincón de tu alma mejor que nadie. Yo quisiera que nada de ti se te escape.

Quiero que mires al cielo, que conozcas el mar, los bosques y las montañas. Que abras los brazos cuando te acaricie el viento, que pruebes la lluvia y juegues a rodar en la arena. Quiero que des vueltas alrededor del sol, que le hables a la luna y le pongas algunos nombres a las estrellas. Quiero también que te enamores muchas veces de ti, sobre todo de ti y que, si es de alguien más, sea mucho y de quien tú quieras. Quiero que nunca pierdas la esperanza y que creas en algo. Quiero que sueñes con mucho y que nunca te rindas. Quiero que aprendas a caer, estaré a tu lado, pero quiero que te levantes sola, contenta, segura de que puedes dar el siguiente paso. Hija, quiero que seas feliz, alegre y con un alma bonita. Quiero que, cuando te mires en un espejo, sonrías agradecida. Sobre todo, eso quiero, que seas agradecida con esta hermosa oportunidad de vida.

SI PUDIERA REGALARTE EN UNA CAJA COSAS BIEN IMPORTANTES

Primero, te regalaría todo lo que hoy sé de ti, lo que sé del amor y de la ternura, te lo dejaría también por ahí. Te regalaría tiempo para conocerte y otro más para entenderte.

Te daría ganas para siempre quererte. Fuerza para no rendirte, duda para reflexionar y humildad para cambiar de opinión. Te daría prudencia para callar cuando tu palabra no haga falta, curiosidad para buscar y generosidad para recibir y para dar.

Te regalaría empatía y disciplina para hacerte el hábito de a otros no lastimar. También te regalaría la sabiduría para no insistir y para bien amar. Te daría desde hoy todos los abrazos que no podré darte después, la paciencia que aún no tengo para escucharte. Te daría una mejor madre.

Si pudiera regalarte una caja con cosas bien importantes, te daría una oportunidad de vivir, de sentir y de amar.

ELLA

Buscas encontrarte en alguno de sus pedazos, en alguno de sus detalles. Quizá si miras detenidamente exista algo que te recuerde, que te devuelva lo perdido, lo olvidado, eso que no sabes si atesorar, rescatar o mejor desmembrar.

Quizá es en su voz, en algún gesto, en su pelo lacio o en la sonrisa. Quizá se volverá algo parecido con el tiempo, alguna maña te copie o imite tus modos. Ella todo de ti mira, te admira.

Quizá en el amor sea alguien dulce y amable, parecido a lo que para ella soñaste. Quizá sea todo distinto, mejor, más grande y también cierto. Quizá con el tiempo en ella no te veas, pero logres bien reconocer quién era ella.

HIJA

Eres la razón más justa y el motivo de cualquier inspiración. A ratos también eres un reflejo compasivo de quien hoy ya no soy.

En tu nombre llevas la inmensidad del mar y el cielo. En tu corazón, la estrategia que solo ha sabido encontrar el sol. Eres el principio de todos mis anhelos y el compás de mi corazón.

Hija, eres la fuerza para encarar el miedo y una veleta para navegar durante cualquier tiempo. Yo quiero que se cumplan todos tus sueños y que, en tu vuelo, te reconozca un amor que sea bueno.

Tú eres la luz de un buen verano y la de todos mis inviernos.

¿Y EL SOL?, PREGUNTABA ELLA

—Arriba en las nubes, por encima de la tierra, cerca de los astros y las estrellas. Rodeando a otros, alumbrando a muchos.

Ahí es donde está ella. Es una estrella, ¿lo recuerdas?

Esa niña me miraba fijamente, abría grandes, grandes los ojos, pero no parecía convencerla mucho con mis respuestas.

—Pero, ¿y el sol dónde está? Lo he visto en el rincón donde leo cuentos y algunas veces dentro de mi pequeño avión de cartón. Me lo encuentro a ratos en tus ojos y sé bien que le gusta estar debajo de los sombreros. Anoche quise contártelo, amiga luna, es que últimamente ya no me lo encuentro.

MIENTRAS DORMÍA

Mi mamá me hablaba mientras dormía. Pedía perdón por cosas como haber perdido la paciencia y decía que al día siguiente mejoraría. Me repetía muchas veces que confiara en mí y que ella siempre me creería. Decía también que yo era una persona valiente, más valiente que ella y lo sentía. Se acostaba sobre mi almohada justo a un lado mío con el cuidado preciso. Mucho tiempo pensé que soñaba por no atreverme a mirarla y decirle "te escucho". Mi mamá me hablaba mientras dormía y todo eso lo decía bien bajito y cerca de mi oído.

CERRANDO LOS OJOS SE ESCUCHA MEJOR EL CORAZÓN

Se hacía necesario que lo escucharas. Que comprendieras que una mala tarde era de las dos. Que era siempre lógico mi interés por ti, hasta en los sueños te buscaba.

Era necesario que supieras que esos días pasarían, se acabarían, pero que forjarían mi carácter y nuestra relación. Necesario era que me vieras a través de tus ojos, con ese amor que guarda el recuerdo de uno mismo, pero entendiendo que somos seres distintos.

Era necesario que te recordaras, que me amaras y que creciéramos juntas.

Se volvió necesario que aprendieras que cerrando los ojos se escucha mejor el corazón.

EL VIAJE

Soñé que volábamos tomadas de la mano y cruzábamos una gran cerca. Me sentí angustiada y aliviada después. Esa cerca representaba muchos conceptos en mi cabeza. Obstáculos, en resumen, de los que quisiera siempre evitarte.

Luego desperté, te conté un poco de aquel sueño. Lo hice para tratar de entenderlo mejor y además para hacernos conscientes de que no será fácil a veces. Tú dijiste que eso era cosa de gente valiente y que tú y yo éramos mujeres bien fuertes. Levantaste los puños reafirmando tu fuente.

Gracias, hija, por el viaje.

MAMÁ

Mi mamá me enseñó a respetar a los demás, a alejarme de quien no me sabe amar, a defenderme del que me intente humillar o maltratar y a levantar la voz ante la injusticia y la maldad. Me enseñó, además, a pedir perdón al lastimar, a decir la verdad en todo momento, y no solo cuando sea el último camino que queda ya, a amar a otros en sus alegrías y en sus tristezas amarlos aún más.

Ella me enseñó que todos merecemos por lo menos una oportunidad, que las formas abren las puertas y que los candados no permiten a nadie volar. Me enseñó que el más listo es el que entiende que amando se gana más, el más valiente es el primero que se atreve a otro amar y que el más honrado es el que nunca te deja de amar. Hoy entiendo la profundidad de todo su hablar.

Mi mamá me enseñó a mirar las estrellas y la espuma que dejan las olas del mar.

LOS NIÑOS

Que el tiempo les alcance y que ustedes a su vez le rindan.
Que sean motor y vehículo. Que aprendan y enseñen.
Que amen y sean amados.

Que miren el acierto en cada error y que, en esa reciprocidad que les permite la vida, se miren con respeto y compasión.

HIJO

Prometo ser alguien cercano, escuchar tus ideas y preguntarte por ellas. Prometo ser más tolerante, aprender de tus tiempos y enseñarte lo bueno que también hay en los de antes. Solo te pido me abraces, no importa cuánto tiempo lo hagas, mi memoria recordará cada uno de esos instantes.

Hijo, haré todo lo posible para nunca fallarte. Espero que en el error tú puedas perdonarme. Buscaré las respuestas a todas tus preguntas y cada vez que de ti tú dudes, estaré ahí para ayudarte a volver a encontrarte. Prometo siempre recordarte que tú eres alguien bueno, nunca habrá nada más importante.

Hijo, prometo amar de ti cada parte. Lo haré aun cuando yo falte.

PARA MI SEGUNDO HIJO

Por momentos temía tu llegada, me preguntaba si sería capaz de amarte igual que al primero. Me daba miedo fallarte. Un día por fin llegaste. Nos miramos, te reconocí y ahí lo entendí. No venías a pedirme que te amara por igual, venías a enseñarme que el amor no es eso.

Sin darme cuenta mi corazón se expandió, me pareció sentir ahí dentro algo inmenso. Entraste por la misma puerta que el primero y ocupaste tu lugar. Llegaste como un expansor de sueños, sonrisas y abrazos. Te volviste el preferido de tu hermana, su confidente y defensor.

Me enseñaste lo valioso de los besos y la importancia de unas cuantas palabras. Me tomaste de la mano, me hablaste de hadas, barcos piratas y de los colores que hay en el mar y en el cielo. Me enseñaste a dormir en espacios bien pequeños.

Hijo, me devolviste los cuentos y la magia de un te quiero. Tú no fuiste el primero en tiempo, pero en la lista de los hijos solo hay amores eternos.

LA BICICLETA QUE NOS PRESTÓ EL
ABUELO

Llevaba un tiempo queriendo decirte.
Primero, lo difícil que es a veces, es que no comprendo de sentimientos ajenos.
Luego, pedirte que me perdones por las muchas veces que fracaso y lo intento. Que me mires más seguido a los ojos cuando te hablo, quiero decirte también. Así me aseguro que no te olvides de tu amoroso reflejo.

Quiero que me permitas amarte y que me perdones por el modo si es que ofendo, que sepas que no te entiendo muchas veces, pero de todas, te quiero. Quiero decirte que me aburro, me desespero, pero no hay momento que no te pienso. Que en realidad no pretendo educar, solo abrazarte y llenarte de besos.

Decirte que lo intento, que te quiero mi cielo y que todo lo que llevo dentro, te lo entrego.

SIEMPRE

Siempre intento cuidarte. A veces consigo acercarme y muchas otras, de lejos me quedo a mirarte.
Siempre intento entenderte. A veces coincido en tu tiempo y otras, solo se hace evidente lo que carezco.
Que no pase en tu mente la duda de que, en todo intento, siempre anda este amor por ti que es inmenso.

EL NIÑO Y LA SEÑORITA POLICÍA

En la esquina de una calle, está ese niño hablando con la señorita policía.

Le pregunta —¿Y a usted cómo le ha ido en la vida? Ella sonríe medio apenada con la pregunta. Se inclina y estando a su altura, algo le contesta. No alcanzo a escucharla desde la ventana del autobús. Mientras se despiden, él ondea su mano y estando a unos pasos lejos de ella, le grita —Señorita, le deseo cosas iguales a las que han sido buenas y luego, otras bien distintas.

LO SUFICIENTE DEL AMOR

Hay gente que dice que el amor no siempre es suficiente. Me supongo se refieren a esos momentos en que la vida de carne y hueso nos golpea. Pudiera ser cuando el cuerpo enferma, por ejemplo. El amor hasta ahora no se incluye en ninguna receta médica. Si el amor fuera o no suficiente en casos como este, tendría que comprobarse empíricamente.

El otro día mi hija enfermó, como procedía llamamos al doctor y ella recetó todos los medicamentos para la infección. Minutos más tarde escuché como le decía a su hermano que lo amaba con todo el corazón. Él se detuvo, se acercó, la miró, pero nada contestó.

Al otro día mi hija se sentía un poco mejor, los medicamentos habían hecho su importante labor. Su hermano se le acercó y otra vez la miró. Después se abrazaron para darse algún tipo de contestación y yo anoté los resultados de lo suficiente del amor.

NOS ENCONTRAMOS Y COINCIDIMOS

Fue muy lindo que haya sido en este nuevo espacio.
—¿Qué te parece? Se ha puesto bonito el mundo. Te abracé y te llamé hermano. Tenía ya rato que quería hacer eso contigo. Me refiero a abrazarte y llamarte como algo mío. Luego, te hice una promesa ahí mismo. Dije que en esta vida yo sería para ti un refugio. Que, si un día nada te quedara ya, si ni una rosa se atreviera a mirarte más, aquí estaría yo si aún respiro.

—Ahora, abrázame fuerte para que el tiempo no nos olvide. Me adelanto y me disculpo por lo que irremediablemente mi condición humana quizá provoque en un futuro. Pero hoy que estamos así abrazados, de cerca yo te digo que te quiero, hermano, gracias por coincidir en esta vida conmigo.

II

¿QUIÉN ERES?

PONTE EL PERFUME

Esa cita antes que nada es contigo.
Ve y ponte el perfume que huele a ti. —Haz favor.
El que huele a las historias que te gustan. Ponte el que te
hable de ese día en el que fuiste feliz.
Ponte el perfume con el que te gustaría enamorarte de ti.
Usa el que te recuerde a los lugares donde has visto cosas
lindas.
Ese donde has estado con gente que ha sido buena contigo.
Póntelo de una vez que no es el perfume, pero ese olor te
recuerda bien a ti, así que ve y póntelo, mujer.

¿QUIÉN ERES?

Eso pocos lo saben. Es que tú vas de cambio, tienes un ritmo cómodo, se te nota en el pelo cuando lo llevas suelto. Casi nunca vas sola.

Yo pienso que tú eres todo eso que te mira desde dentro. Eres también las risas que se quedan en el aire casi haciendo eco. Eres una salida que lleva dos ventanas. Hay algo en tus pestañas, en tu mirada, creo que es tu alma. Llevas puesta la piel, pero toda ella es la que se deja ver. En realidad, eres una sola envuelta en mil verdades. Tienes caminos pintados con lunares y un par de huecos a un lado de tu boca. Quizá pocos lo sepan, pero tú eres todas esas cosas.

LLÉNAME DE TI

Lléname de la alegría en tus ojos y de la pesadez de tu mirada.

Lléname de tu forma tan correcta de amarme, de tu risa y sus anhelos, lléname también.

Lléname de las razones que habitan en tus miedos. Quiero entenderte, porque para bien amarte, necesito conocerte.

Lléname de ti que ya estoy harta de mí. Hazme sentir que yo ya no soy sin ti.

UN CUARTO OSCURO

Era un cuarto oscuro. A las ventanas se les había acabado la luz del sol, el día estaba terminado, y ahí casi sin luz, algo comenzó. Me puse a caminar marcando con mis pasos los límites del cuarto. Vigilaba el instante en que la punta de alguno de mis pies tocara el fin de una esquina. En cuanto eso sucedía, giraba el cuerpo y seguía en línea recta hacia la siguiente esquina. Aquello duró varias vueltas. Después me cansé y me senté ahí en medio del lugar de poca luz. Surgieron preguntas, algunos pensamientos y con ellos la imaginación llegó a darme un par de ideas para la siguiente función. Esa primera vez me sentí incómoda, triste también.

El cuarto está aquí, en mi casa. Lo visito de vez en cuando y me preparo antes de apagar la luz. No quiero que me inunde solo la tristeza. No es un lugar de respuestas, es un espacio de búsqueda. Tal vez, uno de memorias también. Con el tiempo le inventé unas escaleras, un par de ventanas más, y a ratos le enciendo unos faros sobre ellas.

Últimamente he pensado en ponerle de esas luces pequeñas que van en línea recta, como las que te guían en el teatro hasta tu asiento... y quizá algún día, hacia el espacio escénico.

ESPERÉ

Primero esperé a que me miraras.
Eso me era suficiente.

Después quise que me aceptaras.
Quien fuera esa mujer estaba bien.
En realidad, yo andaba falta.
Ni mi sombra me encontraba.

Más tarde deseé serte importante.
Me lo creí y hasta ahora no sé si me fallé.

Pronto llegó la hora de ser alguien diferente.
Pensaba en la palabra valiente cuando aposté.
Ese camino me trajo momentos de calma.
De los que el recuerdo aún debe querer.

Luego se hizo una larga pausa y tropecé.
Un día simplemente resbalé.
Hoy no le doy tiempo al por qué fue.
Ahí nunca regresaré.

Con el tiempo y sentada en aquella ruta esperé.
Tenía un buen plan. Me lo propuse y te invité.
Tú te acercaste. Me miraste suficiente.
Aceptaste la sombra de mi ahora presente.
Hoy, recuerdo bien valiente a esa mujer.

No sé si fue mucho lo que fallé.
La calma en aquella ruta del querer encontré.
Es ahí donde yo siempre regresaré.

LAS CINCO TIERRAS

Fue ese día cuando escondía mis heridas.
Habían cicatrizado casi todas en realidad.
No dolían como lo hacían antes, pero no olvidaban
hacerse presentes.
Recordarme era su nueva labor.

Las cubría con un vestido suave. Era importante
protegerlas de la vergüenza.
Distinta era ya esa mujer. Yo misma aún no había decidido
si me gustaba, pero el momento era adecuado.
El mar estaba tranquilo. Bajé una fila de escaleras y ahí
cerca de la orilla, las desnudé.
No supe si miraste, yo tampoco miré.

HOY HE VUELTO A SOÑAR

Me alejé de mí por querer de otros vivir, ahora entiendo que lo que hay que hacer es solo vivir y permitir de igual manera a los demás. Olvidé decir quién y cómo soy por buscarme en otros.

Dejé también de soñar y con eso, me puse a ser alguien más. Hoy sigo un poco igual la verdad, pero he vuelto a soñar. Una buena amiga dice que eso es algo importante y yo a ella le creo, me conoce, me quiere también.

Estoy orgullosa de los viejos y de los nuevos pensamientos, bien pueden ser todos ellos recuerdos o tal vez sueños. Es un lujo en realidad, en este mundo que anda con tanta prisa, algunos días poder dormir y ponerse a soñar.

UNA VIDA ABURRIDA

Me da pena tener una vida aburrida. Una de rutina donde escuche pocas risas.

Me da pena que mis días se llenen de pura prisa y me dejen la vida media vacía. Una con poca energía para darle al alma lo único que me parece realmente necesita: la mirada de una persona bonita (por lo menos una vez al día).

Me da pena quedarme quieta, sentada en lugares donde no piense que aquello es vida.

Me da pena y miedo a la vez no tener el valor para cuidarte, vida mía.

Me preocupa la vida, ves. Que se me quiten las ganas. Por ejemplo, las de ser amable.

Yo pienso que los amables merecen más que nadie del amor y en el amor yo sueño todo el día. No quisiera vivir sin eso nunca.

Me da tanta pena tener una vida aburrida, que me parece menos cansado y con mayor lógica, esforzarme día con día.

EL AMOR Y LA LIBERTAD

Aprendí que el placer es un corto de felicidad.
Que no se pueden deshacer las cosas hechas y a veces solo
queda continuar.
Que no existen absolutos, pero aún tenemos el amor y la
libertad.

SOMOS

Somos en un mundo que pretende ser.
Nos quedó el espacio chico y grande también.
Andamos de frente, caminando algunas veces y otras, solo
queremos echarnos a correr.
Decimos la verdad, mentimos, callamos, amamos y luego
olvidamos sin querer.
Es que a veces somos y otras, solo pretendemos ser.

SOLO VINE A MIRARTE

Quiero decirte todo lo que te quiero y lo que te siento.
Que lamento tus dudas, tus temores, los que son constantes, sobre todo.
Quiero decirte que te quiero sencillamente, mansamente como diría nuestro poeta.
Decirte también quiero, que solo vine a mirarte y de las cosas que dolieron, pasar y perdonarlas por tu causa. Regresar un día para entregarte otras nuevas.
Te quiero de veras, es que eres una gente buena y este mundo necesita así.
Gente que llore a cada rato, que se aflija, que se alegre y que sepa perdonar.
Te quiero porque te miro y luego entiendo que, en lo natural, me resulta amarte.

UNA MUJER GENEROSA

Hoy seré una mujer generosa y empezaré por ti. Voy a mirar con compasión tus errores, los que repites y que no cambias pese a todo. Trataré de entender. Por la noche, le haré frente a tu dolor y en la mañana si es preciso, me rendiré contigo. Hoy quiero hacer algo por ti. Voy a abrazarte.

Quiero hacerte una promesa también, es que yo voy a quererte. Lo haré en todo momento, lo prometo. Será así aun cuando caiga la tarde y no te vistas más de nadie. Te querré entonces sin la ropa.

Hoy seré una mujer generosa y empezaré por ti.

LE HABLO TAMBIÉN A LOS LOCOS

Yo no tengo la vida mágica o trágica de la que cuentan las novelas. Tampoco la historia fantástica con un pasado invencible, o la de terror con un futuro incierto que narran en las noticias. Tengo una vida simple y nada más. Ordinaria, pasajera y a veces insípida hay que confesar.

Me gustan cosas como mirar al cielo y escuchar a otros hablar. Me molesta la envidia, me enfurecen algunas enfermedades y me da pena pensar en el final. Me dan miedo pocos, pero me preocupa su suerte y el azar. Creo en la entereza de la vida y en la importancia de la libertad. Sufro de penas pasadas, de las que ya no están y que no consigo sanar. Amo a mis hijos, a mis padres, a las plantas y al hombre que me mira sin dudar. Le hablo también a los locos, temo que un día no me los encuentre más.

III

¿QUÉ TANTO MIRAS?
¿QUÉ ES LO QUE BUSCAS?

SER DE PIEDRA

Yo no quisiera ser de piedra. Quiero sentir ganas de perdonar, ilusionarme con la mirada de otro, compadecerme de los errores, de los míos y de los tuyos, sobre todo. Pero si lo fuera, una piedra, por favor adórname con colores. Acuérdate de lo nuestro y dibuja ahí encima como si aquello fuera un lienzo. Yo no quisiera ser de piedra, pero si lo fuera, cúbreme nomás con algunas flores.

EN UNA MESA DE DOS

Qué sorpresa ha sido la de llegar hasta aquí. La sorpresa está en los ojos. Fue un día de noche. De esos donde aún no se ha ido el sol. Se queda quieto. Creo que es porque teme dejarnos sin asegurar la llegada de otro.

A lo lejos se alcanzaba a ver una fila desigual de palmeras, grandes rocas nos acompañaban bien de cerca y a mitad del camino, el mar pintaba un inmenso horizonte. Recuerdo sentir mis pies fríos. Quizá era porque andaban descalzos. El pecho ardiendo. Eso tenía que ser de sentimiento porque estaba bastante descubierto.

Nos sentamos en una mesa de dos. Álvaro y Marcelo se acercaron a ofrecernos pan recién horneado y mantequilla. Después, compartimos más mantequilla dentro de unas conchas tostadas, un mole negro acompañado de ajonjolí y para pasarnos todo eso, unos tragos con olor a romero y a sal.

Había un loco cruzando el acantilado. —¿Lo recuerdas? El señor Marcelo se notaba cansado y poco extrañado.

En aquella mesa de dos, tuvimos la oportunidad de mirarnos y después de entendernos mejor algunas cosas. Había pendientes entre tú y yo. Sentí muchos resueltos con esa tranquilidad que llevabas en los ojos y en la boca.

Un brindis y un hombre que fumaba puro mientras se sostenía con un bastón.

Qué sorpresa, amor, ha sido la de llegar hasta aquí y estar sentados en una mesa que es solo de dos.

VAMOS A HACERNOS LOS SINCEROS

Yo te espero en la cuarta mesa, justo debajo del antiguo reloj. Llevaré un suéter blanco y mi bolsa será negra.

Tomaremos un vino o algo más fresco. Te contaré sobre el trabajo como si estuviera cumpliendo alguno de mis sueños, de lo que me parece bueno de mis padres y quizá mencione el nombre de mi querido abuelo. Me mirarás atento, sonriente, como si fuéramos algo sincero. Tocarás un par de veces mi mano intentando notar si te miento. Luego, me dirás algunas cosas sobre ti, reiremos y nos pensaremos eternos, me contarás de tus miedos y me verás a los ojos con la intención de no olvidar el encuentro. Besarás mi frente y en la esquina de la calle de Jalapa, te despedirás con un te quiero.

A unos minutos de llegar, me lo pienso. Ando mejor con el suéter negro, tacones bajos y la bolsa linda de terciopelo. Te espero en la misma mesa.

Empezaré por contarte de mis sueños y de lo que hago en el trabajo cuando no pienso en ellos. Te contaré la historia más fantástica de mi abuelo Ernesto, lo que agradezco de mis padres y te confesaré lo que pienso cuando te veo. Si acaso me miras como si fuéramos algo sincero, tomaré tu mano y en la esquina de la calle de Jalapa, gritaré que te quiero.

UN TINTO DE VERANO

Maquillé los espacios debajo de mis ojos, me puse el vestido guapo y salí a pasear. Esta vez habrá tiempo y sobraban las ganas. Apenas llegando, nos encontramos. Era un lugar de esos modernos, pero con colores clásicos. Un tinto de verano, tenía yo pensado.

Bonita era la música, la mesa y las copas que nos presentaron. Había un médico detrás, —¿lo recuerdas? Le decía, a quien lo acompañaba, que recién lo habían acusado de negligencia médica. Me parecía una tragedia. En realidad, al hospital se le habían acabado las gasas y le faltaba el equipo. ¿Qué otra cosa iba ahí a pasar?

Del otro lado, había una pareja de edad ya medio mediana. Ella casi no hablaba. Esa rubia vieja me miraba. Se notaba cansada y supongo le parecía agradable mirar a una total extraña.

De frente se sentó una familia grande. Ocupaban dos mesas y media. Había un niño de veras lindo, Tomás. Le sobaba el pelo a su mamá mientras ella hablaba. Me gustó mirar.

Ya casi se nos acababa el tiempo y empezamos a hablar. Planeamos un viaje, tomé tu mano varias veces, nos dimos un beso y mientras caminábamos de regreso a casa, recordé que había olvidado pedir un tinto de verano.

LA NOCHE DE LAS BUGAMBILIAS

Cantamos, me cantaste y te canté. No recuerdo el idioma, pero sí la melodía que todos los ahí presentes bien reconocían.

Éramos de los enamorados. Sentados en una grada de un gran atrio al aire libre. Desde los balcones sonaban las guitarras y uno que otro tambor.

Un señor de bigotes largos y pantalones cortos parecía ser el maestro de aquella pieza tan bonita. Recuerdo niños en el centro dando tumbos y marometas. Así andaba también mi corazón. Dando todos los saltos y vueltas por ese, nuestro amor.

Nos abrazamos y nos amamos muy fuerte aquella noche de las bugambilias. Eran moradas como las escoge siempre ella.

CREO QUE ALCANCÉ A VER UN PEZ

De los recuerdos que se nos aparecen. Los que nos van haciendo sentir el caminar de nuestros buenos tiempos. Comprábamos un vaso de fruta variada frente a una heladería que, además de eso, vendía cervezas bien frías.

Era un lugar lleno de mujeres y hombres de piel brillosa y bronceada, parecida al color oro/marrón si es que aquello existe. Había una fuente por ahí muy cerca. El camino era de piedra y el sol nos tocaba a todos de frente y de espaldas. Sonaba el aire y un poco de mar también.

Cerca de unas murallas, tomabas mi mano y caminábamos bien despacio.

Creo que en algún momento alcancé a ver un pez.

HACE TIEMPO QUE JURÉ

Me animaba la sonrisa de mi madre y ese bulto apretado de esperanza que se hacía crecer en el pecho. El anhelo ha sido siempre algo de rutina para mí. Natural para el alma y medicina para lo que me enseñaron a llamar razón. Ahora me acompañaría siempre alguien. Le entregaría muchas cosas a cambio, o por gusto.

Era preciso entonces jurar. Primero, para tenerlo yo bien claro y luego, para saber qué me iba a ser recíproco. Lo que más recuerdo de aquel día es su mano junto a la mía tocando con cariño mi pelo y mi espalda. ¿Qué íbamos a querer para el otro, qué íbamos a buscar en el otro? Eso era ahora lo que me tocaba pensar.

Querer y buscar nunca han sido lo mismo, pero son pasos seguidos. Son también verbos generosos y a mí, siempre me han gustado esos. Quiero amor que alcance para una vida y busco tiempo para lograrlo. Esa fue mi promesa. Ahora me animan las sonrisas de mis hijos y de pronto aparece de nuevo en el pecho, esa abultada esperanza. Puede que resulte ya viejo, pero en cualquier momento yo voy y te lo juro.

REPARO EL AMOR

Reparo el amor. Le introduzco simpleza a lo perdido.

Le dedico tiempo al reparar, que no es el mismo que el que dedico a perdonar.

Reparo el amor. A lo sucedido, le coloco un significado.

Va cambiando, no me decido. Me consuela recoger lo que queda como mío.

Reparo el amor. Con el tiempo eso va cobrando sentido.

Reparo y nuevamente siento que vivo. Le introduzco un nuestro a lo perdido.

Le dedico tiempo al volver a amar, que no es el mismo que el que dedico a reparar.

EN EL AMOR, SOBRE TODO, PIENSO

He atrapado de la vida lo que he sido capaz de ver. Aquello que he podido entender, de lo que he podido aprender y de la mano, luego, hacer el intento por crecer. Me he dicho cosas en las que no creo y con eso, he malgastado mi tiempo. He esperado de otros lo que yo misma no he sabido extender.

He descubierto cosas lindas en lo que no me ha tocado escoger y otras muy buenas en acomodarlas después. Me he propuesto amar fuerte, no me encuentro con el amor que así no es. En el camino he perdido muchas veces y ganado las mismas veces también.

En el amor, sobre todo, pienso porque es lo que todos merecemos.

EN EL PECHO

Le robaron el miedo, le hablaron de amor y de sentimientos.
Se sintió tranquila sin dar espacios.
Lo sintió con la misma velocidad que algún día y en otro
lugar, se sintió en total desespero.
Le hicieron tan humana la rutina y en hogar la sensibilidad
que guardaba en el pecho.

CUANDO MIRAS HACIA ARRIBA

—¿Qué tanto miras? ¿Qué es lo que buscas?
Quizá miras hacia arriba justamente cuando no sabes ni
lo que buscas.
Esperas, suspiras.
Has de imaginarte algunas cosas.
Es el fin y por eso diriges tu mirada hacia allá arriba.
Estoy ya cierta. Aquí no sobra más de lo que buscas.
Esperas, suspiras.
No dices nada. Porque solo falta tu voz para terminar con
todo.
Dices —Comencemos de nuevo, ¡mira hacia arriba!

DEL ALMA Y SU PESO

Si dejara caer el peso de mi alma participando con el perdón.

Si luego la abrazaras con la única de la compasión.

Si dejara caer el peso de mi alma y me vieras tal cual soy, me aceptaras en el espacio reducido en el que se encuentra mi cuerpo, pero en el inmenso que guarda mi corazón.

Si dejara caer el peso de mi alma sobre tu cuerpo y le respondieras con amor.

TRES

Volver a empezar, todas las veces que me lo pidas.
Equivocarse, por lo menos dos veces al día, no hay prisa.
Amar a quien permita y para toda la vida.

TE SOÑÉ

Soñé contigo.
Me abrazaste, te abracé.
Me diste un beso, fue una despedida larga y corta a la vez.
Dijiste te quiero, y yo lo pensé también.

YO A TI TE QUIERO

No lo lamento ni en el recuerdo. Regresar no puedo, pero si pudiera, aun así, yo a ti te quisiera.

Te quiero porque todos los días lo intentas, porque no pretendes y al fracaso no lo miras con tristeza. Te quiero lleno de dudas, con esos errores, muchos que son nuestros y que no me los atribuyes ni con el tiempo. Te quiero porque siempre regresas, porque me abrazas y algo bueno me cuentas.

Te quiero porque muchos de mis miedos en ti veo, porque no escondes el dolor, porque compartes pedazos de una verdad, porque buscas, buscas mucho al amor y porque valiente tú eres cuando me dices "Yo a ti te quiero".

Admiro tu belleza, la que muestras cuando aprendes algo nuevo, cuando pides perdón y cuando me miras como si fuéramos solo el comienzo. Hay una calma en tus tiempos, en tu risa y en tus ojos cada vez que nos veo.

Yo a ti te quiero.

AYER SOÑÉ CON FLORES

Se abrían y eran de muchos colores. Mientras caminaba por encima de ellas, las juntaba en un ramo grande, pensé entonces en regalárselo a él. Quería con ese ramo recordarle lo que veo dentro de él crecer. Felicitarlo por su coraje, por ese entusiasmo para todos los días encontrar un momento para sonreír y hacer por lo menos a otro más reír, abrazarlo por lo que sé que aún debe doler y agradecerle por todo lo que sencillamente su amor hace por mí.

Quería juntarle mis flores favoritas, pensé que así no solo sería un regalo para él. Evitaría con eso la vergüenza que sé que siente cuando alguien solo piensa en él. Quería también con el ramo y un beso decirle que lo quiero, que todos los días lo veo y que también estoy yo aquí para protegerlo.

UN POEMA DE AMOR

Que me sobren momentos para elegir siempre estar a tu lado.

Que no nos falte el espacio para crecer cerca pero jamás encimados.

Que nos pertenezcan las caricias, los besos y los abrazos.

Que esos últimos sean en todo momento y sobre todo cuando no lo merezcamos.

Que no se agoten la paciencia, las ganas ni la calma.

Que viva siempre en tus ojos mi amor y con él, su esperanza.

Que nunca pidas terminar y que, si lo haces, sea solo para volver conmigo a empezar.

IV

¿EN DÓNDE PONGO LA CARTERA Y LOS ZAPATOS QUE DEJASTE?

SENTADOS A LA MESA

Construimos una versión media simulada.

Salimos a la calle y repetimos las sonrisas que nos hemos permitido, las que no nos tocan muchas cosas y aprendemos, sobre todo, a mirar a otros sin mostrar el mundo que llevamos dentro. —¡Qué fatiga hacer la otra cosa!

Pasar llorando con los amigos o a carcajadas, andar mostrando, sintiendo y pensando a cada rato, es muy cansado.

Pero hay momentos. Hay de esos lindos momentos en los que uno se sienta en la mesa con la familia y con completos extraños, a darle vuelo a la otra cosa.

Vale la pena, libera un poco.

ACOMPÁÑAME A LLORAR

Me da pena que a ratos la pases tan mal, que te cueste
sonreír al hablar, que te tiemble el cuerpo si alguien intenta
tocar tu mano o que necesites explicar tus lágrimas en vez
de solo soltarte a llorar.

Me da pena que tengas fobias y que por ellas te escondas o
que mires a todos al entrar a un lugar intentando adivinar
quién de ellos te habrá de primero juzgar. ¿Qué caso tiene
entonces ahí entrar?

Te invito a hacer algo más. Se me ocurre salir a caminar.
Quizá no resulte, pero lo podemos intentar. Apenas me
mires intentando algo adivinar, te sonreiré de inmediato,
quizá así la ruta de tu mente pueda cambiar. Te ofreceré
mi mano y si tú quieres, nos soltaremos a llorar.

VUELVE

Vuelve a abrazarme con tus manos en mi espalda casi juntas, con el pecho envuelto y la sonrisa abierta. Vuelve que quiero decirte todas las cosas en ese abrazo que en silencio compartimos, escuchar uno a uno nuestros latidos. Vuelve, amiga, quiero verte, protegerte y protegerme de los monstruos y los ruidos.

ESTRELLAS

Hay personas que son estrellas.
Reconocerías seguro a cualquiera de ellas, son magnéticas.
Las miras deseando que se mantengan siempre de ti cerca.
Le dan giros al mundo, le prestan algo de su color y la
verdad que lo convierten en un lugar mejor.

Son personas que cuando pasan te transforman, algo
seguro te enseñan, es que clarito te lo muestran o
generosamente te lo entregan.
Si corres con suerte, de alguna de ellas te enamoras.
Deseo te encuentres con una persona estrella y si no llega,
quizá tú seas a quien alguien espera.

EN UNA BANCA ME PUSE A MIRAR

No acostumbro a usar mucho maquillaje, tampoco miro demasiado a los demás. Uso el pelo largo y suelto, pienso que al cubrirle algo a mi cara se limitará el permiso que doy a otros para entrar.

La ropa, llevo algo serio, liso y suelto. Uso también lentes, esos son por necesidad. El otro día me senté en la banca de una plaza y me puse a mirar. Ya casi nadie lo hace y sus razones tendrán. A mí casi que me da igual.

Ahí estaba yo cuando una mujer se detuvo y me sonrió al mirar. Quise regresar el gesto, me tomó tan por sorpresa que mirara y luego además sonriera. Ella rápidamente siguió su caminar y no supe si alcancé a hacerlo.

Quizá al mirarme pensó en el dolor que había en las marcas de mi cara, en lo opaco de mi pelo, o tal vez ella tenía ganas de mirar, de sonreír y pensó que yo igual.

EL PODER DEL SILENCIO

Quise decirte muchas cosas, todas bien cercanas a mi
dolor y a su mal sabor de boca.
Quise cuestionar las ofensas y los señalamientos.
Quise también mostrarte empatía, por lo menos la que tú
considerabas que procedía.
Quise entenderte y conectar con lo tuyo, esperando
pudieras hacer por mí lo mismo.
Quise seguir con un guion, el que escribí para este rol.
Quise también fingir, eso lo hice para no incomodar.
Recién obtuve la oportunidad de callar.
Eso incluye tu voz y la mía silenciar.
No sé si eso es perder o ganar,
pero me atrevo a un espacio distinto crear.
Tomo la decisión de ordenar
y de un modo más oportuno conmigo dialogar.
En el silencio, los ruidos de ti y de mí podrán mejor
escapar,
y con suerte encontraremos un nuevo instrumento
para nuestra voz interpretar.

¿EN DÓNDE PONGO LA CARTERA Y LOS ZAPATOS QUE DEJASTE?

Te puse unas alas, te abracé muy fuerte y sin mirarte a los ojos pues eso era demasiado para el momento, te despedí.

Al principio solo me hacías falta. No encontraba a quién debía sentar en aquel sillón donde te gustaba descansar todas las mañanas. El edredón viejo que dejaste, —¿dónde había que ponerlo?, ¿tu cartera roja y los zapatos negros de tacón?

Me puse a guardar en cajas tus recuerdos. Miraba el reloj, la puerta, el techo, pensando, imaginando cómo es que debía ocuparme de esta vida que era tuya. Me daba tanta pena ponerle fin a todo lo que habías dejado. Había cosas muy lindas, algunas viejas y todas olían a ti.

Los días pasaron y comencé a extrañarte, te pensaba mucho. Te buscaba en las flores, en los pájaros, en los cajones de mi buró y en mis sueños. Les preguntaba a todos de ti y me preguntaban todos por ti. Te llamaba cuando miraba al cielo y en mi almohada cuando te lloraba. Abrí todos tus perfumes y un sobre lleno de fotografías. Encontré cartas escritas con tu letra, sabrá Dios a quién le sentías con tanta ternura. Me hacías falta.

Después, no podía soportar mi enojo, era desesperada mi tristeza. —¡Espérame, que aún no te lo he dicho todo! Que no quiero y que no estoy lista para olvidar todavía. ¿Me escuchas? Había sudor en mis puños cerrados y un sabor amargo en mi rostro lleno de lágrimas donde ya no cabía ni una más. Me sentía sola, como si tu partida hubiera sido la de muchos otros miles. Ahí me di cuenta de que te amaba.

Te quería mucho. Recordé tus abrazos, tu risa, la comida que me compartías y el amor con el que me hablabas. Eras buena, muy buena en muchas cosas. Especialmente, eras buena conmigo. A veces pienso que hubiera querido nacer antes, quizá conocerte en otra vida, o yo qué sé, simplemente me hubiera gustado pasar más tiempo contigo. Te hubiera querido más y estoy segura de que tú me hubieras querido más también.

Un día empecé a recordarte un poco menos, quiero decir que ya no te pensaba todo el rato. Vivía cosas nuevas y cuando eran muy emocionantes, me acordaba algunas veces de mirar al cielo. Lloro con la cabeza en mi almohada cuando veo películas de amores viejos, sonrío si es que encuentro tu olor en algún perfume y me gusta que aún me pregunte alguien por ti.

—¿La cartera? Esa la guardé en un cajón del buró de mi cuarto y los zapatos están en un estante del clóset de blancos. Se quedaron llenos de polvo, pero están bien guardados.

LA POSTAL DE UN VIEJO COCHE

Dos amigas imaginando encontrarse tres.

Una postal con un viejo coche de portada se vende en la plaza central de Madrid.

La elige una de ellas, la otra escribe unas líneas y las dos la firman pensando en la tercera.

Ojalá un día nos encontremos ahí mismo las tres. Será verano y ese día andaremos por la plaza juntas con nuestros vestidos de lunares.

MIS DOS ABUELAS

Una cantaba mientras tomaba mi mano.
La otra rezaba rosarios de colores.
La primera usaba lentes de sol color rosa y la segunda una
pistola de pelo color rojo.
Mi abuela me enseñó a sentir y mi otra abuela a reír.

QUERIDO JAIME

19.03.1999

Te escribo esta carta para darte las gracias.
Primero que todo, quiero darte las gracias por acercarme a mi padre.
El día que te conocí, entendí lo que irremediablemente nos unía a él, a ti, a mí y a todo el mundo.
Te agradezco por haberme advertido que el amor crece, que es redondo y que va cayendo, pero que tiene algo.
Gracias por hacer palabras dulces y sencillas que me enseñaron el poder de ser frágil.
Jaime, gracias por mostrarme a un Dios que me gusta.

Gracias por provocarme a mirar las canas en la cabeza de mi madre, las estanterías a mis espaldas, los ladrillos, la cal y las bicicletas sin nadie.
Muchas gracias por hablar de la verdad de todo. Esa que está hecha para los brazos y para la boca.
Tú me enseñaste que la mejor manera de guardar el mundo es dormida y que se duerme hasta mañana.
Aprendí de ti que dos o tres ideas llenarían mi vida y que hiciste bien en morirte.
Siempre hablabas de la muerte, es que te ibas muriendo a cada rato.

Gracias, señor cercano.
Gracias Jaime.

PEDIRÉ MI DESEO

Pediré mi deseo cuando la luna y las demás estén cerca.
Desearé algo por ti. Tú serás mi primer pensamiento.
Pediré que mañana no te vista la pena, ni esta noche el desvelo.
Que las horas sean solo tiempo, no una cuenta y espera.
Pediré por tu voz y tus sueños. Que la escuche hasta el viento y que luego, se los lleve lejos.
Desearé por tu fuerza y abrazaré mi tristeza.
Dedicaré una lágrima a la verdad y otra más a la inconsciencia.
Gritaré cuando pida por ti y, en silencio, la noche burlará mi vergüenza.

ANCLARÉ EL BARCO

En nuestro próximo viaje, anclaré bien el barco y bajaré yo primero.

Una vez en la tierra, me aseguraré de cuidar cuando bajes, de abatir a los monstruos que intenten en el camino asustarte y tomaré de tu mano para nunca soltarte.

En ese nuevo viaje, bajaré yo primero y tú serás el más gigante.

RECORDARTE

Para mis hermanas

Era una forma de escoger entre lo vivido, de ponerle un
tiempo a lo aprendido.
Se me hacía importante recordarte.
Mirarlas juntas me hacía fuerte y bien valiente.
Me explicaba muchas cosas también.
Tranquila me senté a recordarte, a soñar que te abrazaba
y que, en aquel abrazo cabían juntas las tres.

V

¿Y SI EN REALIDAD VENIMOS DE LOS ÁRBOLES?

ESCRIBO

Escribo para algunos momentos. Por ejemplo, para sugerir que algo se ha quedado debajo de la cama, para preguntar si es que el sol sale por la madrugada o para recordar detenerme antes de salir de casa. Siempre hay algo que olvido. Quizá es solo una última mirada.

Escribo para entenderme y para entender a otros, para escuchar lo que no conozco y algunas veces para perdonar lo que rompiste y que hoy recojo. Escribo porque pensando me confundo y al hablar solo me inundo. Escribo porque la letra llena espacios, hace caminos y se clava en los sueños de todos los vivos.

Escribo para el poeta, para los niños y para los locos. Escribo porque no pude cantar, me hubiera gustado hacerlo. Escribo con la ilusión de que el tiempo algo o alguien devuelva, escribo también para que me recuerdes en alguna letra.

ESCRIBIR Y HABLAR NO ES IGUAL

Uno escribe con el alma y el cuerpo desnudos.

Al hablar, usamos algunas capas, de vez en cuando máscaras que cubren y disfrazan y no siempre es por aparentar, es solo cosa de hablar.

Escribir no es igual. No se le interpone nada, al contrario, se le presenta la oportunidad al cuerpo y al alma de estar solos y así poderse expresar.

Naturalmente que en un cuerpo desnudo el corazón se asoma sin avisar y mientras escribía estas palabras, me preguntaba si es que lo has visto pasar.

SE ACONSEJA LLORAR

Un día me dijeron que cuando lloramos sanamos, pero yo pienso que a veces lloramos así nada más, para recordar, para sentir o para poder mejor pensar.

He visto que unos lloran cuando están hartos de tanto cargar.
Lloran los mismos por la alegría que les provoca amar.
Los he visto llorar por los que ya no están, por los que les preocupan, lloran aún más.
Lloran porque se les hace preciso soltar, porque les importa aferrarse, entender y después avanzar.

Lloran porque no vuelve, porque volvió y porque se va.
Lloran cuando tienen fuerza y hacen lo mismo cuando no la hay.
Cuando existen motivos y cuando no quedan, lloran con pesar.
Lloran porque hay permiso, primero el propio y luego el de otros.

Lloran de vergüenza, por virtud y hasta por soledad.
Se aconseja entonces llorar, dos o tres veces al día por cualquier cosa y luego, ya.

SALIR CORRIENDO DE UN LUGAR.

Mucha gente le llama valiente al que sale de ese espacio que aprieta o incomoda. ¿En qué persona se convierte el que se queda? ¿Valiente no será?

Se hace más fácil criticar, mucho más difícil observar. Es que lo segundo requiere tiempo, algo de silencio y si se trata de observar a alguien más, requiere generosidad.

Siguiendo esta lógica, necesitaremos un valiente, dos o tres generosos y cualquier número de estos mismos locos por cada lugar. Siempre habrá quien salga corriendo porque el espacio no lo deje respirar.

Errores, esos se cometerán en cualquier lugar. Será así sin importar quién se quede o quién se vaya. En cualquier caso, podemos siempre luchar por la vida, el amor y la libertad. No importa si se trata de la del loco que se queda o de la del loco que se va. Si logramos esto último acordar, quién me toque ser, me da igual.

PONTE A ESCRIBIR

Ponte a escribir, aunque eso duela o pese. Aunque no seas a quien la herida más arde.

Ponte a crear porque algo hará falta, hazlo, aunque quizá de esa mesa arregles solo una pata. Ponte a escribir porque aún puedes y no importa si en realidad quieres. Ponte a hacer eso que sabes y sécate bien las lágrimas antes o durante.

Ponte a trabajar en lo que crees que bien haces y deja de pensar en lo que imaginas que el futuro trae. Quizá ahí no llegues y, si lo haces, habrá alguien más que escriba y trabaje.

Así que ponte a hacerlo, bien o mal de algún modo lo haces. Tal vez habrá un día en que tus letras a alguien le basten.

ÁRBOLES

¿Y si en realidad venimos de los árboles? Quizá están ahí para mostrarnos el camino o quiénes podemos ser. Quizá para entender de modo grande, algunas veces gigante, lo importante de nuestras raíces. Lo que hacen para y por nosotros los que llegaron antes.

Quizá sus ramas nos enseñan que somos bien capaces de mirar hacia atrás y hacia adelante. Que habrá siempre impulso del pasado que asista al futuro. Que hay que honrar al primero y esperar todo del segundo.

Están ahí para mostrarse cuando se necesita de un nuevo paisaje. Esos gigantes nos recuerdan que somos importantes, distintos y también todos iguales.

EL LADO IZQUIERDO DE LA CALLE

Estaban por cruzar la calle cuando los vi. Ella parecía un poco más consciente de lo que sucedía a su alrededor y, mirando al lado izquierdo por donde venían los coches, caminó y cruzó. Él la alcanzó segundos después y apresuró su paso para colocarse, sin ningún gesto o explicación, justo del lado izquierdo de aquella mujer mientras llegaban juntos hasta el camellón.

Es que en un mundo donde aún hay guerras, gente con hambre, unos muriendo en soledad o a manos de un abuso del que no se quiere ni hablar, también hay personas que caminan del lado izquierdo de otras para mejor asegurar su andar.

¡Qué bonito sería con alguien así poder siempre caminar!

SIN MIEDO

Sentí tu mirada y enseguida su miedo. Miraste mis manos intentando adivinar mis intenciones. Volteaste a mis ojos, te habías hecho ya de un par de ideas y encendidos casi todos tus sentidos en modo alerta, alcanzaste a escuchar mis palabras. Temía no hablar a tiempo y no lograr detener lo que parecía un mal pensamiento.

Es que eso ha hecho este mundo con todos: nos miramos con miedo en vez de con seguridad y anhelo. Esperamos y queremos que el otro sea bueno, pero ocasionalmente habita en todos tanto dolor y miedo que no queda espacio para lo que pudiera ser bueno.

Mirémonos de nuevo, creamos que aún hay tiempo, criemos con amor y el natural celo. Volvamos el tiempo o adelantémos, vivamos con más cariño y sembremos bonitos sueños. Te espero de este o del otro lado, en realidad no importa si logramos llegar los dos sin miedo.

EL OTRO LADO DEL MUNDO

El otro lado del mundo se incendia, lo amordaza una humana miseria.
Hay niños presos, muertos y con ellos la verdad y la inocencia.
La moral va sepultando su más grande vergüenza.

Del otro lado del mundo rezan los padres por una tierra que se va quedando huérfana.
Y la gente cobarde, la culpable, ellos no saben orar por nadie.

El otro lado del mundo se incendia.
Se quema todo, se queman todos, se queda sin luz y sin ruido.
Parece todo acabarse, detenerse y hasta olvidarse.
En ese lado del mundo aún están los hijos de alguien.

Al otro lado del mundo se le va acabando el aire.
Nadie más mira cómo se mecen los árboles.
En ese lado del mundo ya no corre agua en los ríos.
Ahí las madres hoy solo sienten dolor y frío.

COBARDES

Que nos quede siempre un poco de razón.
Que aún sintamos vergüenza al lastimar.
Que el error pese a quien le sea justo.
Que la culpa exista si de algo nos ha de curar.

Que alguien repare todo lo roto y detenga lo que se ha
puesto en este mundo tan mal.
Que vivan más años los valientes. Que el honor nunca
pase de moda.
Que el amor a todos por igual nos corresponda.

Que no esté mal quedarnos en un lugar a solas.
Que el miedo no nos golpee por las noches.
Que se detenga todas las veces el cobarde.
Que no exista un pasado que requiera cambiarse para
salvar un futuro.
Que el presente nos baste.

Que por lo bueno me recuerden.
Que en lo malo me perdonen y que, de mí, ninguno de
esos cobardes hable.

UN MUNDO NUEVO

Apagaremos el fuego. El que prendieron otros.
Lo haremos juntos y aunque nos inunde el miedo.
Apagaremos las llamas que encendieron otros porque no
conocían mejor que eso.
Acabaremos con todo el fuego y luego, construiremos un
mundo nuevo.
Será uno donde tú y yo podamos siempre vernos.

Habrá castillos y espacio para todos.
No existirán fronteras y a todo aquello que nos distinga,
lo ordenaremos por colores.
Construiremos un mundo nuevo donde existan más besos
y buenos tiempos.
Apagaremos el fuego y con todo lo que traemos dentro,
construiremos el mundo que merecemos.

SOBRE LOS DESEOS

Que seas feliz. Te lo deseo para casi siempre.
Para cuando no lo seas, te deseo una no muy larga espera.
Luego, y como de cada tres deseos uno debiera cumplirse,
deseo que te acompañen estos sí para siempre:
El amor, el perdón y la valentía.
Que se acomoden para ti en el mejor orden.

SOBRE LOS AMIGOS

Se miraron amigos.

Su complicidad estaba en la alegría por lo bueno que le pasaba al otro y en el entendimiento de lo que cada uno tenía roto.

Se miraron amigos en la lealtad de poder hablarse con franqueza a los ojos.

SOBRE LAS VITAMINAS

Aprendí de la paciencia hasta que la usé.
Aprendí lo diferente que se vive cuando esperamos y actuamos en momentos un poco más oportunos.
Aprendí de los silencios hasta que me sucedieron.
Aprendí lo valioso que resulta escuchar y simplemente a veces dejar de hablar.

Aprendí de las personas vitamina hasta que se me presentó una.
Aprendí que hay personas cuya sola voz y presencia le suman niveles a tu energía.
Aprendí de los límites hasta que los puse y de los impermeables emocionales hasta que me creé uno.
Aprendí de la goma en los zapatos para no resbalar cuando le puse una a los zapatos de mi hijo.

UN BESO ME DIJO

Caía la lluvia, yo llevaba un par de botas y un abrigo puesto. Crucé el puente que se encontraba a unos pasos y, cubriéndome la cabeza con el gorro de aquel abrigo, me quedé a mirar.

Era un lago y dos o tres palomas. Recordé entonces un beso y sus palabras.

Dijo que, para no olvidar, había que proponérselo, abrir los ojos, mirar el momento y decidir capturarlo por siempre.

Aquí frente al lago, me pasa que lo recuerdo.

LA PETICIÓN DECÍA ALGO ASÍ

Quiero un amor sincero y uno que comprenda. También quiero uno que no sea celoso si es que fuera posible, pero amante suficiente para quererme en exclusiva de lunes a lunes siguiente. Un amor valiente, sencillo y prudente. No hace falta gritarle al mundo, solo basta que yo le crea y el mundo seguro que luego se entera.

Quiero un amor alegre, viajero e intrépido. Que le guste andar conociendo, intentando de mi mano. Quisiera también un amor fuerte. Que no se rinda con cualquier bobada, que no tema a mis locuras recurrentes, que se aferre a sentir lo nuestro, eso quiero. Con que quede esto último, yo por lo demás me atiendo.

LÁGRIMAS

Con los ojos cerrados, acostada en aquel salón de madera, me pedían salir.
Esas lágrimas que se sienten bien cerca del final del ojo, pero que no se sabe si alguien podría alcanzarlas a ver. Son de esas que corren despacio, hacia abajo, pasan por las líneas de expresión en los ojos y, si no las detienes, habrán de caer.

El lugar era silencioso, éramos solo unos pocos, y yo en realidad no quería interrumpir, así que con muecas en la cara las controlaba para no dejar a las lágrimas huir. En algún momento, junté las manos en el pecho. Se sentía tranquilo, casi liberado. Después de pedirle su permiso y consentimiento, entre los dos, decidimos dejarlas salir.

Los ojos seguían cerrados, corrieron lágrimas, las acompañaron un par de pensamientos y yo no las detuve. Pasaron por el camino que les quedaba en mi cara, luego llegaron al hombro y ahí nomás, desaparecieron.

ÍNDICE

I. ES UNA ESTRELLA, ¿LO RECUERDAS?

II. ¿QUIÉN ERES?

III. ¿QUÉ TANTO MIRAS? ¿QUÉ ES LO QUE BUSCAS?